AF533244

Frag mich was über ... Dinosaurier
Wissenswertes über die Herrscher der Urzeit

Erzählt von Nate Rae
Illustriert von Anna Doherty

Konzeption, Redaktion und Design von Kleine Gestalten

Herausgegeben von Robert Klanten und Fay Evans

Übersetzung aus dem Englischen von Eszter Kalmár

Layout: Joana Sobral und Emma Vince

Schriften: Othello von Monotype, Castledown von Colophon Foundry
und Skolar von David Březina

Druck: Finidr, Tschechien
Hergestellt in Europa

Erschienen bei Kleine Gestalten, Berlin 2023
ISBN 978-3-96704-754-7

Die englische Ausgabe ist unter der
ISBN 978-3-96704-755-4 erhältlich.

Weitere Informationen und Buchbestellungen unter:
gestalten.com/collections/kleine-gestalten

Bibliografische Information der Deutschen Nationalbibliothek.
Die Deutsche Nationalbibliothek verzeichnet diese Publikation in der
Deutschen Nationalbibliografie; detaillierte bibliografische Daten
sind im Internet über www.dnb.de abrufbar.

Dieses Buch wurde auf FSC®-zertifiziertem Papier gedruckt.

Frag mich was über...

Dinosaurier

Wissenswertes über
die Herrscher der Urzeit

KLEINE
GESTALTEN

Brontosaurus

Einleitung

Was fällt dir ein, wenn du an Dinosaurier denkst? Vielleicht stellst du dir riesige, schuppige Monster vor, die brüllend ihre Beute jagen – so wie man es in Filmen sieht. Oder denkst du eher an sanfte, langhalsige Pflanzenfresser, die majestätisch durch saftig grüne Landschaften schreiten? Aber sahen Dinosaurier wirklich so aus, wie wir sie uns heute oft vorstellen? Konnten sie wirklich brüllen? Und lebten in der prähistorischen Welt neben diesen urzeitlichen Eidechsen noch andere Wesen?

Die Welt zur Zeit der Dinosaurier war ganz anders als die Welt von heute. Es gab seltsame Pflanzen und Tiere, und die Erde selbst hatte ein anderes Aussehen. Wissenschaftlerinnen und Wissenschaftler arbeiten seit mehr als hundert Jahren unermüdlich daran, alles über diese Welt vor unserer Zeit herauszufinden. Dazu untersuchen sie die Spuren, die die Dinosaurier hinterlassen haben: Fossilien. Außerdem schauen sie sich die Verwandten der Dinos an, die heute noch leben.

Dieses Buch beantwortet alle deine Fragen über Dinosaurier: Was haben sie gegessen? Waren sie alle riesig? Warum sahen sie so seltsam aus? Du lernst den größten und den kleinsten Dinosaurier kennen. Und du erfährst, ob Dinosaurier schwimmen oder fliegen konnten und ob sie Federn trugen. Du findest auch etwas über die Welt heraus, in der sie lebten: über die Pflanzen, Insekten und die anderen Tiere, von denen die Dinosaurier umgeben waren. Sie lebten Seite an Seite und schufen ein Ökosystem, das etwa 170 Millionen Jahre lang funktionierte.

Worauf wartest du noch? Blättere um und begib dich auf ein großartiges prähistorisches Abenteuer!

Was ist ein Dinosaurier?

Dinosaurier sind so ziemlich die berühmtesten prähistorischen Lebewesen (das heißt, sie existierten vor den Menschen). Als die ersten Fossilien entdeckt wurden, nannten die Forschenden die Tiere „Dinosauria“ – das Wort kommt aus dem Altgriechischen und bedeutet „schreckliche Eidechse“. Aber was ist ein Dinosaurier?

Brachiosaurus

Nicht jedes prähistorische Wesen, das groß und schuppig war, war auch ein Dinosaurier. Tatsächlich waren viele Kreaturen, die du vielleicht für Dinosaurier hältst, gar keine Dinos. Denn ein „echter“ Dinosaurier muss folgende Merkmale aufweisen: Er muss an Land gelebt haben und seine Beine müssen sich senkrecht unter dem Körper befunden haben.

Das wichtigste Unterscheidungsmerkmal innerhalb der Gruppe der Dinosaurier ist ihr Becken. Alle Dinosaurier können entlang zwei Entwicklungslinien eingeteilt werden: die Saurischia (Echsenbeckensaurier) und die Ornithischia (Vogelbeckensaurier). Wer nicht in eine dieser beiden Gruppen passt, ist kein Dinosaurier!

Herrerasaurus

Parasaurolophus

Zwei Gruppen von Dinosauriern

Saurischia

Saurier wie der *Herrerasaurus* hatten Beckenknochen, die nach unten und vorn zeigten, wie bei den heutigen Eidechsen. Es gibt zwei Hauptgruppen der Saurischia: Zur ersten gehören die zweibeinigen, fleischfressenden Theropoda wie die Dinostars *Tyrannosaurus rex* und *Velociraptor*. Zur zweiten Gruppe zählen die vierbeinigen, pflanzenfressenden Sauropodomorpha wie der *Brachiosaurus* und der *Plateosaurus*.

Ornithischia

Die Beckenknochen der ornithischen Dinosaurier zeigten nach unten und nach hinten, also zum Schwanz hin, wie bei den Vögeln. Es gab viele verschiedene Typen von Ornithischia, etwa die Thyreophora (gepanzerte Dinosaurier), die Marginocephalia (Dinosaurier mit knöcherner Schädelkuppe oder Nackenschild) und die Ornithopoda (zweibeinige, pflanzenfressende Dinosaurier).

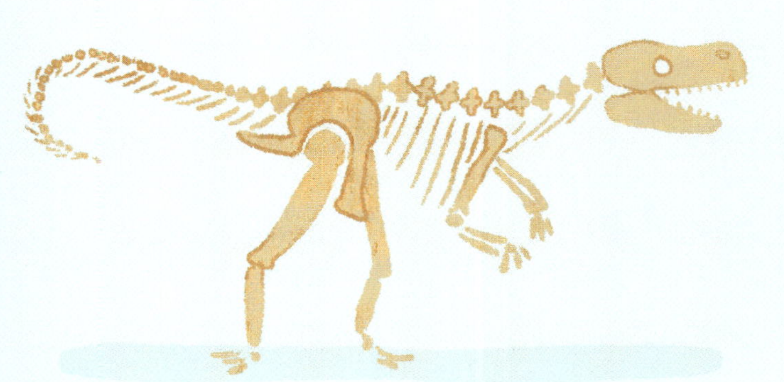

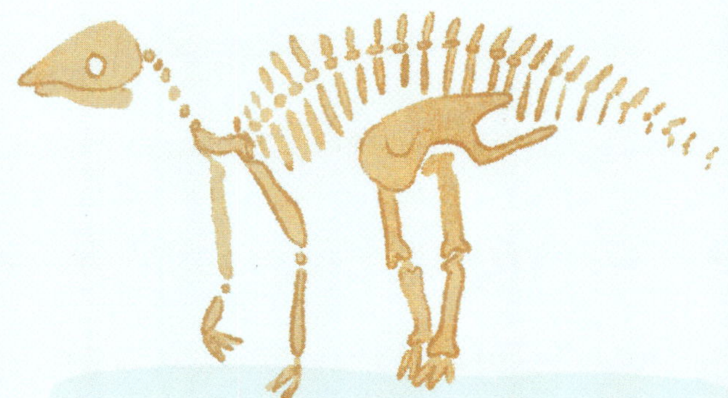

Lebten alle Dinosaurier zur selben Zeit?

Die ersten Dinosaurier lebten vor etwa 245 Millionen Jahren und beherrschten die Erde, bis die letzten von ihnen vor 66 Millionen Jahren ausstarben. Das sind über 180 Millionen Jahre! Dieser Zeitraum wird als „Mesozoikum“ bezeichnet und in Trias, Jura und Kreidezeit gegliedert.

Trias

Dinosaurier tauchten zum ersten Mal in der Triaszeit auf: vor 252 bis 201 Millionen Jahren. Auf der Erde war es sehr heiß, es regnete kaum und überall gab es Wüsten. Dieses Klima war perfekt für Reptilien. So entwickelten sich immer mehr von ihnen, bis schließlich die Dinosaurier entstanden. Die ersten Dinosaurier der Trias waren kleine, schnelle zweibeinige Kreaturen. Gegen Ende der Epoche tauchten immer größere Tiere auf, wie der *Lessemsaurus* und der *Riojasaurus*.

Der moderne Mensch lebt erst seit etwa 300.000 Jahren auf der Erde – ein winziger Bruchteil der Lebenszeit der Dinosaurier.

Jura

In der Jurazeit, vor 201 bis 145 Millionen Jahren, lebten einige der bekanntesten Dinosaurier der Vorzeit. Mit sinkenden Temperaturen und mehr Regen begannen mehr Pflanzen zu wachsen. Dies bedeutete mehr Nahrung für Pflanzenfresser. Auf der ganzen Welt entwickelten sich riesige Pflanzenfresser, darunter der *Brachiosaurus*. Auch die fleischfressenden Dinosaurier wurden größer. Fleischfresser wie der furchterregende *Allosaurus* durchstreiften die Landschaft.

Kreidezeit

Die letzte Phase des Mesozoikums nennt man Kreidezeit. Sie begann vor 145 und endete vor 66 Millionen Jahren. Damals entstanden unsere Kontinente. Deshalb entwickelten sich die Dinosaurier auf viele verschiedene Arten – je nachdem, wo sie lebten. Die Dinosaurier der Kreidezeit waren also alle sehr unterschiedlich. Es gab zum Beispiel den riesigen *Tyrannosaurus rex*, den gepanzerten *Ankylosaurus* und den truthahngroßen *Velociraptor*.

Lebten alle Dinosaurier am selben Ort?

Als die Dinosaurier auftauchten, gab es noch keine Kontinente. Stattdessen gab es eine riesige Landmasse namens Pangäa. Nach und nach zerfiel dieser Superkontinent in mehrere kleinere Kontinente mit eigenen Pflanzen, Tieren und Dinosauriern.

Sah die Welt immer gleich aus?

Um die Jurazeit spaltete sich Pangäa in zwei Teile: Gondwana und Laurasia. Fünfzig Millionen Jahre später brachen die Landmassen noch weiter auseinander und bildeten weitere Kontinente. Diesen Prozess nennt man „Kontinentalverschiebung“.

Antarktis, Australien und Afrika

Im Mesozoikum waren die Antarktis und Australien die meiste Zeit miteinander verbunden. In der Antarktis gab es weder Eis noch Schnee. Es war dort warm und feucht.

Im Vergleich zu anderen Kontinenten wurden in Afrika nicht viele Dinofossilien entdeckt.

Europa und Asien

Europa war in der Kreidezeit eine Insel, weshalb viele Dinosaurier, die dort lebten, nirgendwo sonst auf der Erde vorkamen.

Während des Mesozoikums war Asien in zwei Teile geteilt, wobei das heutige Indien einen eigenen Kontinent bildete.

Amerika

In der Kreidezeit wurde Nordamerika durch einen Ozean in zwei Hälften geteilt. Auf beiden Seiten waren die Dinos sehr verschieden.

Einige Forschende glauben, dass sich die ersten Dinos in Südamerika entwickelten. Eines der ältesten bekannten Fossilien, *Eoraptor lunensis,* wurde in Argentinien gefunden.

Hatten Dinosaurier Familien?

Obwohl sich die meisten Dinosaurier als wilde Kreaturen vorstellen, glauben Paläontologinnen und Paläontologen, also Forschende, die sich mit Dinosauriern beschäftigen, dass Dinosaurier gute Eltern waren, die ihre Eier und Babys mit ihrem Leben verteidigten.

Brutplätze

Manche Dinosaurier arbeiteten zusammen, um ihre Eier zu beschützen. Die Dinosauriermutter grub ein flaches Loch in den Boden und legte ihre Eier hinein, damit sie warm und sicher waren. Anschließend schlossen sich die Dinosaurier zusammen, um Raubtiere abzuwehren, die ihre Eier fressen wollten. In Argentinien wurde ein riesiger Brutplatz aus der Kreidezeit namens Auca Mahuevo gefunden, der mehr als 100 Titanosauriereier aufwies.

Dinosaurierherden

Einige Dinosaurier lebten in Herden zusammen. Sie teilten sich häufig abhängig vom Alter in Gruppen auf. Junge Dinosaurier und Dinosaurierbabys bildeten eine Gruppe, genannt „Schule“, während die erwachsenen Dinosaurier gemeinsam auf Nahrungssuche gingen. Die Erwachsenen kümmerten sich abwechselnd um die Babys der ganzen Herde.

Einzelgänger

Nicht alle Dinosaurier lebten in Herden. Forschende glauben, dass der *Ankylosaurus* Einzelgänger war. Pflanzenfresser lebten vor allem zum Schutz in Herden. Der *Ankylosaurus* verfügte über einen Panzer aus Knochenplatten und eine Schwanzkeule. Diese Accessoires sorgten für den nötigen Schutz.

Legten Dinosaurier Eier?

Dinosaurier waren Reptilien. Das bedeutet, dass sie alle Eier legten. In Patagonien wurde ein Dinosaurierfossil neben einem Nest voller Eier gefunden. Zuerst dachten die Forschenden, dass der Dinosaurier die Eier gestohlen habe, um sie zu fressen. Deshalb nannten sie ihn *Oviraptor,* was „Eierdieb" bedeutet. Heute glaubt man aber, dass es seine Eier waren und er zu Unrecht beschuldigt wurde.

Dinosauriereier

Forschende haben in Portugal ein fossiles Nest eines *Allosaurus* gefunden. Neben den Dinosauriereiern befanden sich im Nest auch die Eier einer Krokodilart. Ein schlaues Krokodil hatte seine Eier in das Nest geschmuggelt, damit die *Allosaurus*-Mutter diese beschützte.

Oviraptor

Wie groß waren Dinosaurier?

Dinosaurier sahen nicht alle gleich aus – sie waren genauso vielfältig und unterschiedlich wie die Tiere von heute. Sie kamen in allen Formen und Größen vor. Manche waren winzig klein, andere größer als ein Elefant.

Argentinosaurus

Anchiornis huxleyi

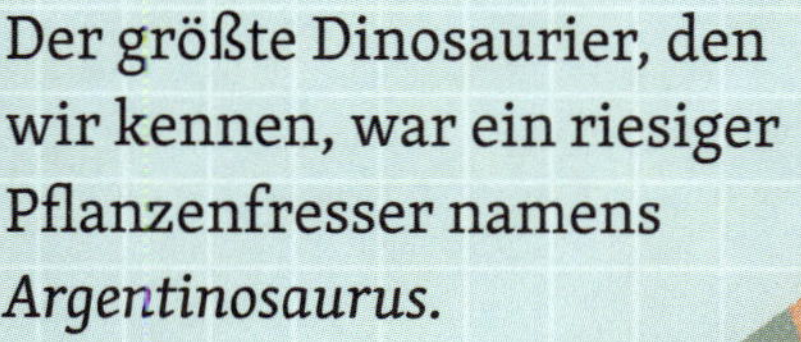

Der größte Dinosaurier, den wir kennen, war ein riesiger Pflanzenfresser namens *Argentinosaurus*.

Forschende glauben, dass der 30 bis 35 Meter lange Dinosaurier das größte Landtier der Erdgeschichte war. Der *Argentinosaurus* lebte in der Kreidezeit im heutigen Südamerika. Er war ein Sauropode und gehörte zur Gruppe der Titanosaurier.

Wir wissen nicht genau, welcher Dinosaurier der kleinste war. Aber ein Anwärter ist sicher der winzige *Anchiornis huxleyi*, dessen Fossilien im Gebiet des heutigen China gefunden wurden. Dieser Dinosaurier des Jurazeitalters war etwa so groß wie ein Huhn und hatte vogelähnliche Füße, mit denen er auf Bäume klettern konnte. Fossilien zeigen, dass diese kleinen Dinosaurier rote, weiße und schwarze Federn hatten. Fliegen konnten sie aber wahrscheinlich nicht.

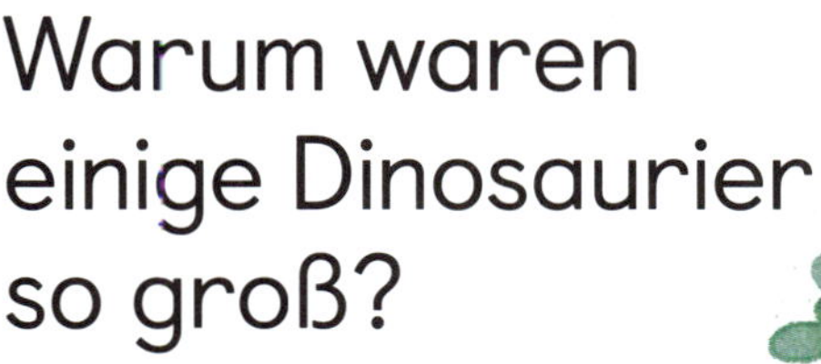

Warum waren einige Dinosaurier so groß?

Dafür gibt es verschiedene Gründe. Viele Pflanzenfresser, wie der *Brachiosaurus*, hatten sehr lange Hälse, um ihre Nahrung in den Wipfeln hoher Bäume zu erreichen – genau wie Giraffen heute.

Während des größten Teils des Mesozoikums war es auf der Erde viel wärmer als heute. Da die Dinosaurier wahrscheinlich – wie Reptilien – Kaltblüter waren, half ihnen ein größerer Körper dabei, ihre Körpertemperatur zu regulieren.

Forschende glauben auch, dass viele Pflanzenfresser so groß wurden, weil dies Schutz vor jagenden Fleischfressern bedeutete.

Brachiosaurus

Wie schnell waren Dinosaurier?

Waren Dinosaurier langsam und schwerfällig oder superschnell? Kommt ganz auf den Dino an! Einige Dinosaurier konnten fast so schnell laufen wie ein Gepard, während andere sich mehr Zeit ließen.

Die schnellsten Dinosaurier

Einige kleine Raubtiere waren besonders flink, was ihnen bei der Jagd half. Dinosaurier wie der *Dromiceiomimus* und der *Velociraptor* waren so schnell, dass sie größere Dinosaurier jagen und fressen konnten. Einige der schnellsten Dinosaurier hatten vogelähnliche Merkmale, wie etwa sehr leichte Knochen, was ihnen beim Herumsausen half.

Nicht alle Fleischfresser waren schnell. Große Dinosaurier wie der *Tyrannosaurus rex* waren so muskulös und schwer, dass Forschende glauben, dass sie sich die Beine gebrochen hätten, wären sie zu schnell gelaufen. Diese langsameren Fleischfresser verließen sich stattdessen auf ihre Größe und ihre gewaltigen Zähne, um ihre Beute zu erlegen.

Schnelle Pflanzenfresser

Fleischfresser waren nicht die einzigen Dinos, die schnell waren. Auch einige Pflanzenfresser waren sehr flink, wahrscheinlich um vor Raubtieren zu fliehen. Die zweibeinigen Ornithomimidae erinnerten an einen Vogel Strauß. Sie konnten auf ihren langen Beinen laufen. Auch einige größere Pflanzenfresser konnten schnell laufen. *Hadrosaurus*, einer der schnellsten Pflanzenfresser der Kreidezeit, wog etwa sieben bis acht Tonnen.

Triceratops

Hadrosaurus

Auch wenn Pflanzenfresser häufig von Fleischfressern gejagt wurden, mussten sie nicht unbedingt schnell sein. Viele der größten Pflanzenfresser bewegten sich sehr langsam. Die meisten Fleischfresser hatten trotzdem keine Chance gegen die riesigen Titanosaurier. Diese waren einfach zu groß.

Warum hatten manche Dinosaurier Hörner?

Dinosaurier trugen interessanten „Körperschmuck“: Hörner, Stacheln, Halskrausen und Federn – manchmal sogar einen Mix.

Viele Dinos waren behörnt, etwa der *Pentaceratops* oder der *Carnotaurus.* Manche wehrten mit den Hörnern Angreifer ab, aber Hörner hatten auch andere Aufgaben. Männliche Dinosaurier beeindruckten mit ihren Hörnern die Weibchen. Dinosaurier konnten über die Hörner auch andere Tiere derselben Art erkennen.

Dinosaurier wie der *Protoceratops* sind für ihr Nackenschild bekannt. Es gab eine ganze Reihe von verschiedenen Auswüchsen, wie den Knochenkamm des *Dilophosaurus.* Forschende glauben, ein Nackenschild half dabei, Artgenossen zu beeindrucken, und diente dem Schutz – auch vor der Sonne. Während des Mesozoikums war es auf der Erde nämlich viel wärmer.

Da Dinos sehr unterschiedlich waren, hatten diese Accessoires auch unterschiedliche Aufgaben.

Um sich vor Fleischfressern zu schützen, verfügten einige Pflanzenfresser über scharfe Stacheln. Die Knochenplatten und Stacheln des *Stegosaurus* machten es für einen größeren Dinosaurier schwierig, ihn anzuknabbern. Der *Ankylosaurus* setzte sogar noch einen drauf: Er hatte zusätzlich eine schwere Schwanzkeule, die er herumschwingen konnte.

Wenn es um „Körperschmuck" geht, übertraf ein Dinosaurier alle anderen: Der *Kosmoceratops* hatte eine riesige Halskrause und insgesamt 15 Hörner auf seinem Gesicht und am Hals.

Kannten sich Dinosaurier und Insekten?

Die Dinosaurier waren im Mesozoikum nicht allein auf der Erde. Zeitgleich gab es viele andere Tiere, darunter auch Insekten. Viele Käfer überlebten das Ereignis, das die Dinosaurier vernichtete. Einige davon gibt es auch heute noch.

Als immer mehr Insekten auftauchten, entstanden auch Spinnen. Man hat Spinnenfossilien mit seidenen Spinnwarzen gefunden, die modernen Spinnen ähneln. Das beweist, dass Spinnen ihre Netze schon vor Millionen von Jahren gewebt haben.

Insekten, die zur Zeit der Dinosaurier lebten:

Insekten gab es schon lange vor den Dinosauriern. Die ersten Insekten tauchten etwa zur selben Zeit wie die ersten Pflanzen auf, vor bis zu 400 Millionen Jahren – also 150 Millionen Jahre vor den Dinosauriern. Im Karbon, etwa 100 Millionen Jahre vor der Trias, gab es viel Sauerstoff in der Luft, deshalb waren die Käfer riesig. Zum Glück sank mit dem Sauerstoffgehalt auch die Größe der Insekten.

Lebensgroße Insekten

Ein Insekt, das zur Zeit der Dinosaurier bereits existierte, war die *Titanomyra gigantea*, auch Titanameise genannt. Sie war die größte Ameise aller Zeiten, war bis zu 5,5 Zentimeter lang und hatte eine Flügelspannweite von 13 Zentimetern – das entspricht etwa der Größe eines Kolibris.

Die *Kalligrammatidae* ähnelten den heutigen Schmetterlingen, waren aber riesiger. Diese Insekten galten als Experten bezüglich Tarnung: Einige hatten Flecken auf ihren Flügeln, die wie Augen aussahen. So schützten sie sich vor Fressfeinden.

Ein bekanntes Krabbeltier, das von der Zeit der Dinosaurier bis heute überlebt hat, ist die Kakerlake. Die frühesten Kakerlakenfossilien stammen aus der Kreidezeit, sie sind also etwa 99 Millionen Jahre alt.

Utahraptor

Was haben Dinosaurier gefressen?

Genau wie jedes andere Lebewesen mussten auch Dinosaurier essen. In einer Welt voller Pflanzen, Tiere und anderer Dinosaurier gab es viel Abwechslung auf dem Speiseplan der Dinos.

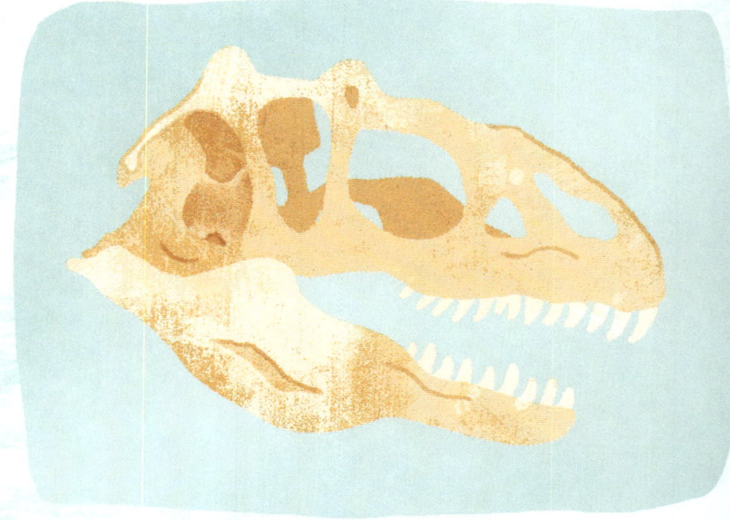

Schädel eines *Allosaurus*

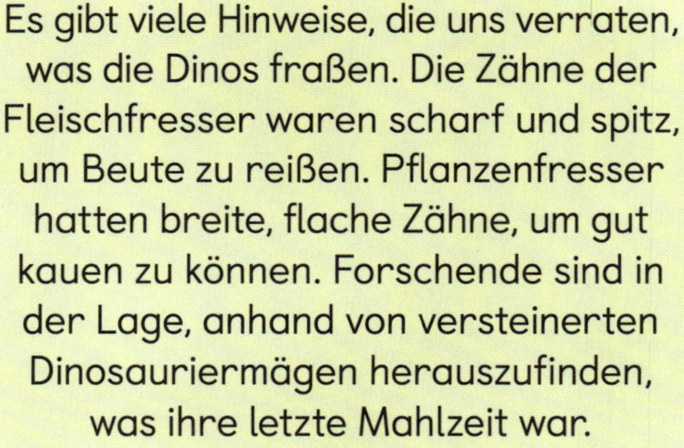

Es gibt viele Hinweise, die uns verraten, was die Dinos fraßen. Die Zähne der Fleischfresser waren scharf und spitz, um Beute zu reißen. Pflanzenfresser hatten breite, flache Zähne, um gut kauen zu können. Forschende sind in der Lage, anhand von versteinerten Dinosauriermägen herauszufinden, was ihre letzte Mahlzeit war.

Schädel eines *Camarasaurus lentus*

Fleischfresser

Fleischfresser werden auch als Karnivoren bezeichnet. Einige fleischfressende Dinos fraßen Eidechsen, Eier oder kleine Säugetiere, andere jagten andere Dinosaurier oder vertilgten tote Tiere. Viele Fleischfresser, wie der furchterregende *Allosaurus*, waren riesig. Der kleinste Fleischfresser, der *Compsognathus*, war dagegen nur so groß wie ein Huhn. Er war hauptsächlich Aasfresser, er fraß also Tiere, die bereits tot waren.

Allosaurus

Allesfresser

Wenige Dinosaurier waren Allesfresser (Omnivoren). Das bedeutet, sie fraßen sowohl Pflanzen als auch Tiere und waren erstaunliche Überlebenskünstler. Dank ihrer abwechslungsreichen Ernährung konnten sie sich an unterschiedliche Umgebungen anpassen. Allesfresser wie der acht Meter lange *Gigantoraptor* fraßen andere Dinosaurier, kleine Säugetiere, aber auch Pflanzen, Eier und Insekten. Paläontologen glauben, dass einige allesfressende Dinos auch Steine fraßen.

Gigantoraptor

Pflanzenfresser

Etwa 65 Prozent der Dinosaurier waren Pflanzenfresser (Herbivoren). Viele dieser Dinos hatten breite Schneidezähne, mit denen sie die Blätter von den Zweigen rissen. Mit kräftigen, flachen Backenzähnen kauten sie. Je nach Ernährungsweise waren sie sehr unterschiedlich – einige, wie der *Camarasaurus lentus*, hatten lange Hälse, um die Wipfel der Bäume zu erreichen. Andere, wie der *Pinacosaurus*, hatten ein schnabelähnliches Maul, mit dem sie die Pflanzen zerreißen konnten.

Camarasaurus lentus

Waren alle Dinosaurier furchterregend?

Wenn du an Dinosaurier denkst, kommen dir vielleicht zuerst der furchterregende *Tyrannosaurus rex* oder der gerissene *Velociraptor* in den Sinn. Aber Tausende sehr unterschiedliche Dinosaurierarten lebten in einem riesigen Ökosystem zusammen.

Nahrungskette

Alle Lebewesen in einem Gebiet arbeiten zusammen und bilden eine Gemeinschaft, die man „Ökosystem“ nennt. Pflanzen liefern Nahrung für Insekten und kleine Tiere, die wiederum von größeren Lebewesen gefressen werden, die wiederum von noch größeren Tieren gefressen werden und so weiter. Das nennt man „Nahrungskette“.

Tyrannosaurus rex

Einige waren wirklich gefährliche Typen

Auch wenn nicht alle Dinosaurier furchterregend waren, so waren einige es definitiv! Der Name *Tyrannosaurus* bedeutet „Tyrannenechse“, denn er beherrschte die Landschaft der Kreidezeit mit seinen riesigen Zähnen und schrecklichen Klauen.

Tyrannosaurus rex

An der Spitze der Nahrungskette stehen die „Spitzenprädatoren", auch „Tertiärkonsumenten" genannt. So heißen die Kreaturen, die andere Tiere jagen, aber selbst keine Raubtiere haben. Der *Tyrannosaurus rex* und der *Velociraptor* waren solche Spitzenprädatoren.

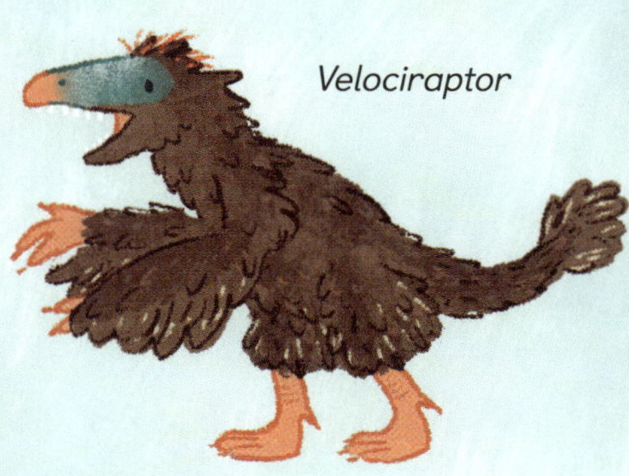

Velociraptor

Pachycephalosaurus

Triceratops

„Sekundärkonsumenten" beziehungsweise Prädatoren waren die Dinosaurier, die sich von Primärkonsumenten ernährten.

Wenn Tiere sterben, zerfällt ihr Körper allmählich. Dieser Prozess wird „Zersetzung" genannt. Die Nährstoffe aus ihren Körpern werden dann in den Boden freigesetzt und diese nähren die Pflanzen, die dort wachsen.

Die kleinsten Tiere, die sich hauptsächlich von Pflanzen ernähren, werden „Primärkonsumenten" genannt. Dazu gehörten damals kleine Säugetiere, wie der spitzmausähnliche *Morganucodon,* und Insekten.

Pflanzen erhalten die Energie von der Sonne und ernähren sich von Nährstoffen im Boden.

Wie sahen Dinosaurier aus?

Genau wie bei den heutigen Tieren gab es viele verschiedene Arten mit ganz unterschiedlichem Aussehen: bunt oder einfarbig, groß oder klein, echsen- oder vogelartig oder einfach nur seltsam.

In den 1990er-Jahren fanden Forschende in China einige Fossilien, die zu einer erstaunlichen Erkenntnis führten: Manche Dinosaurier hatten Federn. Die meisten gefiederten Dinosaurier waren Fleischfresser und gehörten zu einer Gruppe, die als „Theropoda" bekannt ist. Das mag dich weniger überraschen, wenn du erfährst, wer die engsten noch lebenden Verwandten der Theropoden sind: Vögel!

Eines der berühmtesten jemals entdeckten gefiederten Fossilien war ein *Archaeopteryx*, der in Deutschland gefunden wurde und heute im Naturkundemuseum in Berlin zu sehen ist.

Seit dem Fund der ersten Fossilien hat sich unsere Vorstellung vom Aussehen der Dinosaurier stark verändert. Mit jeder neuen Entdeckung kommen neue Informationen ans Licht – stell dir einmal vor, was wir als Nächstes finden könnten!

Trockene, schuppige Haut

Nicht alle Dinosaurier waren gefiedert. Die meisten Dinosaurier hatten eine trockene, schuppige Haut, wie man es von modernen Reptilien kennt. Forschende haben viele Fossilien gefunden, die eindeutig Schuppen aufweisen, vor allem von Pflanzenfressern. Da es im Mesozoikum viel wärmer war als heute, half diese schuppige Haut den Dinosauriern dabei, kühl zu bleiben. Andere Dinosaurier waren mit einem knöchernen Panzer bedeckt, der sie vor Raubtieren schützte.

Nedoceratops

Microraptor

Farbenfroh

Früher dachten Forschende, dass alle Dinosaurier dunkel gefärbt waren, etwa in Braun- und Grüntönen. Heute wissen wir jedoch, dass einige Dinosaurier sehr interessante Farben trugen. Der *Microraptor*, ein kleiner vogelähnlicher Dinosaurier aus der Kreidezeit, hatte schwarze, glänzende Federn wie eine Krähe. Ein anderer vogelähnlicher Dinosaurier, der *Caihong juji*, der in China entdeckt wurde, hatte möglicherweise viele verschiedene bunte Federn.

Caihong juji

Haben Dinosaurier gebrüllt?

Es wird dich überraschen, aber Dinosaurier haben höchstwahrscheinlich nicht so gebrüllt, wie sie es in Filmen tun. Wie hörten sie sich also wirklich an?

Parasaurolophus

Dinosaurier waren keine Schreihälse

Um ein lautes Brüllen von sich zu geben, hätten Dinosaurier ihr Maul weit öffnen müssen, wie ein Löwe oder ein Bär. Forschende haben bei der Untersuchung von Dinoschädeln herausgefunden, dass diese prähistorischen Reptilien das wahrscheinlich gar nicht konnten. Außerdem hätte das Brüllen den Raubtieren bei der Jagd nicht geholfen – zu viel Lärm hätte ihre Beute nur verscheucht.

Schrille Laute

Der *Parasaurolophus* hatte einen großen Knochenzapfen auf seinem Kopf. Dieser könnte wie ein Resonanzkörper bei einer Posaune gewirkt haben. Er erzeugte womöglich ein lautes, schrilles Geräusch. Da jeder *Parasaurolophus* ein einzigartiges Geräusch erzeugte, konnten sich die Tiere gegenseitig erkennen.

Hissen und Knurren

Welche Geräusche machten große Raubtiere wie der *Tyrannosaurus rex*? Anhand von Fossilien vermuten Forschende, dass sie gezischt oder geknurrt haben könnten wie Krokodile. Wir wissen, dass Dinosaurier andere Gehörknöchelchen hatten als wir Menschen, sodass wir das furchterregende Knurren eines „T. rex" vielleicht gar nicht hätten hören können.

Es gibt viele verschiedene Methoden, um herauszufinden, wie sich Dinosaurier anhörten. Eine Möglichkeit ist, sich die nächsten lebenden Verwandten der Dinosaurier anzuschauen: die Vögel. Vögel haben ein spezielles Lautbildungsorgan, das ihnen beim Singen hilft: den sogenannten Stimmkopf (Syrinx). Auch von einem Dino wurde ein fossiler Stimmkopf gefunden. Aber Forschende denken, dass die Dinosaurier wahrscheinlich mit geschlossenem Maul kommunizierten und dabei klangen wie eine gurrende Taube oder ein zischender Strauß.

Tyrannosaurus rex

Vegavis iaai

Schnattern

In der Antarktis wurde ein versteinerter Stimmkopf eines vogelähnlichen Dinosauriers namens *Vegavis iaai* gefunden. Aufgrund der Form und durch den Vergleich mit modernen Vögeln vermuten Forschende, dass er ähnliche Laute ausstieß wie eine Gans.

Haben Dinosaurier und Menschen gleichzeitig gelebt?

Dinosaurier lebten etwa 180 Millionen Jahre lang mit zahlreichen Pflanzen- und Tierarten auf der Erde. Doch zwischen den letzten Dinosauriern und den ersten Menschen lagen weitere Millionen Jahre.

Die Erde entstand vor etwa 4,6 Milliarden Jahren. Der erste Abschnitt der Erdgeschichte wird „Präkambrium" genannt. Der Planet befand sich noch in der Entstehung und die einzigen Lebensformen waren sehr einfache Organismen. Während des darauffolgenden Kambriums, das vor 541 Millionen Jahren begann, gab es einen Boom in der Artenvielfalt (die sogenannte Kambrische Explosion) und Meerestiere wie die Trilobiten tauchten auf.

In der Devonzeit, vor etwa 408 Millionen Jahren, verließen die Tiere zum ersten Mal die Ozeane, um an Land zu leben. Die erste bekannte Amphibie war *Ichthyostega*. *Ichthyostega* hatte Kiemen wie ein Fisch, aber auch vier Beine, mit denen er sich an Land bewegen konnte.

Brontosaurus

Den Menschen gibt es erst seit Kurzem. Wir haben uns erst vor etwa 300.000 Jahren entwickelt – Dinosaurier gab es schon vor etwa 180 Millionen Jahren! Forschende glauben, dass der erste Mensch in Afrika lebte.

Dinos haben nicht zeitgleich mit Menschen gelebt, aber es gab damals schon Säugetiere. Die meisten Säuger des Mesozoikums waren kleine Tiere, dem Wiesel ähnlich.

Das Mesozoikum, das die Trias, den Jura und die Kreidezeit umfasst, war die Zeit der Dinosaurier. Sie begann vor etwa 245 und endete vor 66 Millionen Jahren.

Säugetiere gab es zwar schon im Mesozoikum, aber sie entwickelten sich erst im Paläozän weiter, nachdem die Dinosaurier ausgestorben waren. Damals war es auf der Erde viel wärmer. Dadurch blühte die Pflanzenwelt auf. Durch das Verschwinden der Dinoraubtiere wurden die Säugetiere größer und vielfältiger. Eines dieser neuen Säugetiere war das wieselartige *Taeniolabis.*

Was lebte sonst noch zur Zeit der Dinosaurier?

Dinosaurier waren nicht die einzigen Lebewesen, die im Mesozoikum existierten. Sie lebten neben zahllosen anderen Lebensformen – und einige gibt es in ähnlicher Form noch heute.

Hummerartige

Anomalocarididae waren Kreaturen, die Riesengarnelen ähnelten. Es gab sie auf der Erde schon lange vor den Dinosauriern, nämlich seit dem Kambrium. Obwohl diese einen Meter langen Meerestiere furchterregend aussahen, glauben Forschende, dass sie hauptsächlich Würmer und kleine Fische fraßen. Sie sind vor langer Zeit ausgestorben, doch es gibt heute noch ähnliche Tiere: Garnelen und Hummer.

Krokodile

Krokodile und Alligatoren hatten viele Vorfahren, die zur Zeit der Dinosaurier lebten. *Sarcosuchus imperator,* eines der größten Krokodile der Geschichte, wurde bis zu zwölf Meter lang. Zum Vergleich: Das Salzwasserkrokodil, das größte heute lebende Reptil, wird nur etwa sechs Meter lang. *Sarcosuchus* lebte in Flüssen in Afrika und Südamerika während der Kreidezeit.

Säugetiere

Obwohl die Säugetiere erst nach dem Aussterben der Dinosaurier so richtig in Erscheinung traten, gab es schon im Mesozoikum einige von ihnen. Das älteste bekannte Säugetierfossil wurde in Wales gefunden. Es ist eine kleine, mausähnliche Kreatur namens *Morganucodon.* Es lebte bereits in der Trias und war wahrscheinlich Allesfresser.

Bienen

Ob du es glaubst oder nicht, Dinosaurier lebten zusammen mit Bienen. In Nordamerika wurde ein Fossil einer prähistorischen Honigbiene namens *Trigona prisca* gefunden. Forschende glauben, dass sie aus der Kreidezeit stammt. Bienen und andere Insekten hinterlassen nicht viele Überreste. Deshalb findet man ein gutes Bienenfossil selten, aber dieses wurde in Bernstein konserviert gefunden.

Gab es fliegende Dinosaurier?

Pterosaurier – riesige fleischfressende Flugechsen – schwebten am prähistorischen Himmel. Sie stürzten sich in die Tiefe und schnappten nach ihrer ahnungslosen Beute. Aber waren sie Dinosaurier?

Flugsaurier waren keine Dinosaurier, aber sie lebten zeitgleich

Obwohl Pterosaurier (Flugsaurier) enge Verwandte der Dinosaurier waren, gehörten sie zu einer anderen Reptilienart. Diese faszinierenden Raubtiere waren nach den Insekten die ersten Tiere, die fliegen konnten – es gab sie noch vor den Fledermäusen und Vögeln.

Der größte Flugsaurier war wirklich riesig! *Quetzalcoatlus northropi* war so groß wie ein kleines Flugzeug und hatte eine Flügelspannweite von etwa elf Metern. Wahrscheinlich segelte er wie ein Adler durch die Lüfte.

Quetzalcoatlus northropi

Der erste Pterosaurier, der jemals entdeckt wurde, war der *Pterodactylus*. Die meisten Fossilien fand man in der Nähe von Meeren. Forschende glauben, dass diese Pterosaurier über die Ozeane flogen und dort Fische und andere Meeresbewohner jagten.

Nicht alle Pterosaurier waren riesig. Der *Nemicolopterus crypticus*, das kleinste fliegende Reptil, hatte eine Flügelspannweite von nur etwa 25 Zentimetern. Er war also etwa so groß wie ein Singvogel. Sein Name bedeutet „versteckter geflügelter Waldbewohner", denn Forschende glauben, dass er die meiste Zeit in Bäumen verbrachte. Dort versteckte er sich vor größeren Dinosauriern, die ihn fressen wollten.

Die Flügel der Pterosaurier ähnelten denen von Fledermäusen. Sie hatten einen stark verlängerten vierten Finger, der sich über die gesamte Länge des Flügels erstreckte. Eine dünne Flughaut spannte sich über den Finger bis zu den hinteren Gliedmaßen. Mit den anderen drei kräftigen Fingern konnten sie ihre Beute festhalten.

Konnten Dinosaurier schwimmen?

Es gab zwar viele verschiedene Dinosaurier, schwimmen konnten sie aber alle nicht. Doch es gab andere Kreaturen, die in den Ozeanen lebten und genauso furchterregend waren.

Zwei Arten von prähistorischen Raubtieren beherrschten die Ozeane des Mesozoikums: die Plesiosaurier und die Ichthyosaurier. Plesiosaurier, wie der langhalsige *Plesiosaurus* und der kurzhalsige *Kronosaurus*, hatten breite Körper und kurze Schwänze. Sie jagten, indem sie durch Fischschwärme schwammen und mit ihren scharfen Zähnen nach Beute schnappten. Forschende glauben, dass sie wie Wale Warmblüter waren. So hielten sie sich in den prähistorischen Ozeanen warm.

Kronosaurus

Ichthyosaurus

Ichthyosaurier werden manchmal mit den heutigen Haien verglichen. Aber eigentlich haben sie viel mehr mit Walen oder Delfinen gemeinsam. Sie hatten keine Kiemen, sondern Lungen. Forschende glauben auch, dass sie lebende Junge zur Welt brachten und nicht an Land Eier legten.

Der Hauptunterschied zwischen Plesiosauriern und Ichthyosauriern bestand in der Art, wie sie durch das Wasser schwammen. Plesiosaurier benutzten Flossen wie Delfine. Ichthyosaurier nutzten ihren Schwanz, um sich fortzubewegen.

Ichthyosaurier wie der *Thalattoarchon* und der *Ichthyosaurus* hatten flexible Wirbelsäulen, mit denen sie sich wie Aale durch das Wasser winden konnten und sich dabei wellenförmig bewegten.

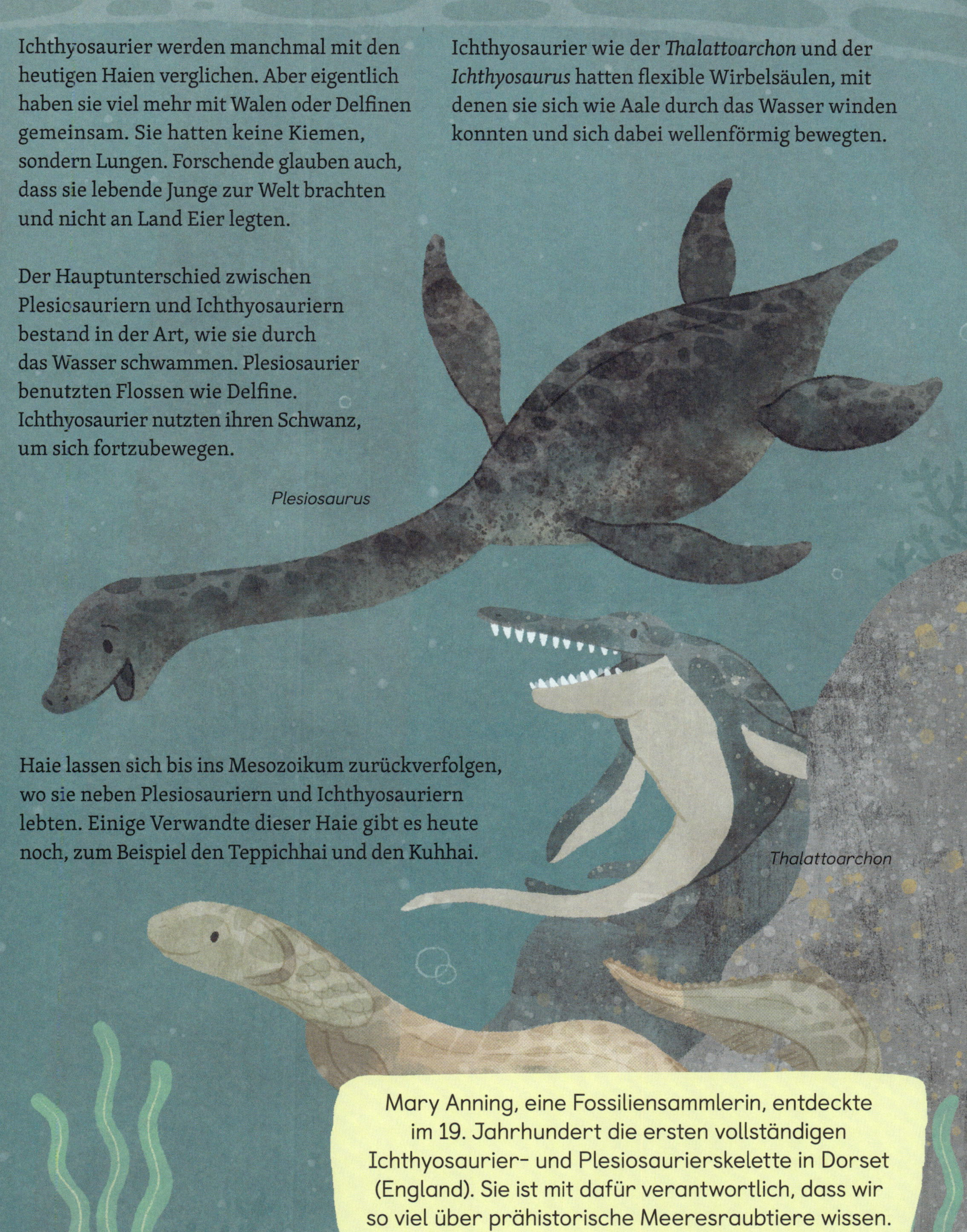

Haie lassen sich bis ins Mesozoikum zurückverfolgen, wo sie neben Plesiosauriern und Ichthyosauriern lebten. Einige Verwandte dieser Haie gibt es heute noch, zum Beispiel den Teppichhai und den Kuhhai.

Mary Anning, eine Fossiliensammlerin, entdeckte im 19. Jahrhundert die ersten vollständigen Ichthyosaurier- und Plesiosaurierskelette in Dorset (England). Sie ist mit dafür verantwortlich, dass wir so viel über prähistorische Meeresraubtiere wissen.

Woher wissen wir so viel über Dinosaurier?

Dinosaurier lebten vor Millionen von Jahren und starben aus, lange bevor es die ersten Menschen gab. Woher wissen wir also so viel über sie?

Forschende, die sich mit Dinosauriern beschäftigen, werden *Paläontologinnen und Paläontologen* genannt. Sie graben Fossilien – die Überreste von längst ausgestorbenen Lebewesen – aus und untersuchen sie. Da sich die Weichteile eines Tieres normalerweise zersetzen, bestehen die meisten Fossilien aus versteinerten Knochen und Zähnen. Diese können uns etwas über die Lebewesen erzählen, die vor uns auf der Erde lebten.

Fossilien bestehen nicht nur aus Knochen – Paläontologinnen und Paläontologen haben auch versteinerte Fußabdrücke, Eier und Hautabdrücke und sogar versteinerten Kot gefunden.

Fossil eines *Archaeopteryx*

Fossilienfundorte

Eine der berühmtesten Fossilienfundstellen der Welt ist die Hell-Creek-Formation in Nordamerika. Dort wurden Hunderte von Dinosaurierfossilien ausgegraben, darunter Fossilien von *Tyrannosaurus rex* und *Triceratops*, aber auch von Säugetieren, prähistorischen Schildkröten, Pflanzen, Flugsauriern und vielen weiteren. Überall auf der Welt wurden Fossilien gefunden. Sie verraten uns, wie die Welt früher aussah. Es wurden sogar Meeresfossilien am Mount Everest entdeckt!

Fossil eines *Compsognathus*

Im späten 19. Jahrhundert entbrannte ein erbitterter Konkurrenzkampf zwischen zwei Paläontologen in Nordamerika. Sie kämpften darum, die meisten und besten Fossilien zu finden. Sie sabotierten die Ausgrabungen des anderen und zerstörten sogar Knochen, um sich gegenseitig zu übertrumpfen. Diese Kämpfe gingen als *Bone Wars* („Knochenkriege") in die Geschichte ein.

Paläontologinnen und Paläontologen müssen bei der Ausgrabung von Fossilien extrem vorsichtig sein, damit sie nichts beschädigen. Ausgrabungen können daher monatelang dauern.

Fossilien von *Protoceratops* und *Velociraptor*

Lebten Dinosaurier in Bäumen?

Außer der erstaunlichen prähistorischen Tierwelt – inklusive der Dinosaurier – existierte im Mesozoikum eine bis dahin ungekannte Pflanzenvielfalt.

Farne, Ginkgos und Nadelbäume

Viele Pflanzen des Mesozoikums haben heute Nachfahren. Damals gab es viele grüne, blattreiche Pflanzen wie Farne. Sie bot auch das perfekte Klima für Bäume. Dadurch entstanden viele Wälder. Die meisten Bäume dieser Zeit waren langsam wachsende, immergrüne Nadelbäume, wie *Krassilovia mongolica*, und Ginkgos.

Die Geburt der Blütenpflanzen

In der späten Jurazeit entwickelten sich zum ersten Mal Blütenpflanzen (Samenpflanzen). Die erste bekannte Pflanze dieser Gruppe heißt *Montsechia vidalii* und ihre Blüte war den heutigen Magnolien sehr ähnlich. Diese Blütenpflanzen eroberten die Landschaft und verdrängten die Nadelbäume, die bis dahin dominiert hatten.

Wasserpflanzen

Genau wie das erste tierische Leben begann auch das prähistorische pflanzliche Leben in Seen und Ozeanen. Fossilien von Wasserpflanzen wie *Montsechia vidalii* wurden auf der ganzen Welt gefunden. Forschende haben ihr Alter auf 130 Millionen Jahre geschätzt. Diese Blütenpflanzen waren viel einfacher aufgebaut als die Blütenpflanzen von heute, da sie nur einen einzigen Samen pro Exemplar besaßen.

Wie neue Pflanzen die Vielfalt der Insekten förderten

Blütenpflanzen spielten eine große Rolle beim Wachstum der Dinosaurier. Sie bildeten die Grundlage für ihr Nahrungsnetz. Sie lieferten mehr Nahrung für Primärkonsumenten wie Insekten. Da es immer mehr Pflanzenarten gab, entwickelten sich auch immer mehr Insektenarten – was wiederum Nahrung für immer mehr verschiedene Tiere und Dinosaurier bedeutete.

Im Mesozoikum gab es kein Gras. Erst vor etwa 55 Millionen Jahren – zehn Millionen Jahre nach dem Aussterben der Dinosaurier – kamen Gräser auf.

Was geschah mit den Dinosauriern?

Dinosaurier beherrschten die Welt über Millionen von Jahren. Aber heute ziehen *Tyrannosaurus rex* und *Brachiosaurus* nicht mehr durch die Landschaft. Was also passierte mit ihnen?

Asteroid

Die allermeisten Forschenden sind sich einig, dass die Dinosaurier von einem riesigen Asteroiden getötet wurden. Der zehn bis 15 Kilometer große Felsbrocken stürzte auf die Erde, landete im heutigen Mexiko und riss einen Krater in die Landschaft. Das löste riesige Flutwellen über Amerika aus und schleuderte so viel Asche und Trümmer in die Luft, dass diese die Sonne verdeckten.

Brachiosaurus

Vulkane

Einige Forschende vermuten, dass auch Vulkane eine Rolle beim Aussterben der Dinosaurier gespielt haben könnten. Viele Vulkane, die zur selben Zeit ausbrachen, könnten den Himmel zusätzlich mit Ruß gefüllt haben. So konnte das Sonnenlicht die Pflanzen und Tiere auf der Erde nicht mehr erreichen. Das Klima des Planeten veränderte sich drastisch.

Die Theorie, dass ein Asteroid für das Aussterben der Dinosaurier verantwortlich war, kam in den 1990er-Jahren auf, als der riesige Chicxulub-Krater in Mexiko näher untersucht wurde.

Die Luft füllte sich demnach mit Asche und blockierte die Sonne, sodass kein Sonnenlicht mehr die Erdoberfläche erreichte und die Pflanzen ausstarben. Weniger Pflanzen bedeutete weniger Insekten, was wiederum weniger Säugetiere und Dinosaurier zur Folge hatte, bis diese schließlich ganz ausstarben.

Viele andere Theorien über die Ursache des Aussterbens der Dinosaurier wurden von Forschenden inzwischen widerlegt.

Gibt es heute noch Dinosaurier?

Wir alle wissen, dass Dinosaurier ausgestorben sind. Aber das bedeutet nicht, dass du kein prähistorisches Leben mehr sehen kannst. Du musst nur wissen, wo du suchen musst. Viele Tiere aus dem Mesozoikum gibt es heute noch auf der Erde.

Noch existierende Arten:

Haie

Der Stumpfnasen-Sechskiemerhai oder Grauhai tauchte in der Jurazeit auf und lebte in den prähistorischen Ozeanen neben Plesiosauriern und Ichthyosauriern. Heutzutage findet man ihn überall auf der Welt in der Tiefsee. Er ernährt sich von Fischen, Tintenfischen und Krustentieren. Diese Haie gibt es seit mindestens 200 Millionen Jahren. Deshalb werden sie manchmal als „lebende Fossilien“ bezeichnet.

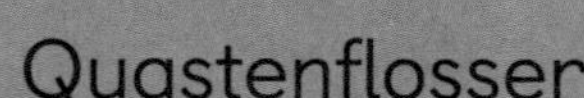

Quastenflosser

Haie sind nicht die einzigen lebenden Fossilien im Ozean. Quastenflosser gibt es schon seit etwa 360 Millionen Jahren. Früher dachten Forschende, dass diese Fische zusammen mit den Dinosauriern ausgestorben wären. Doch dann entdeckte eine Forscherin 1938 ein lebendes Exemplar im Indischen Ozean. Von den zehn Familien des Fisches ist nur diese eine Gattung nicht ausgestorben. Zu dieser Gattung gehören zwei Arten. Quastenflosser lieben tropische Gewässer.

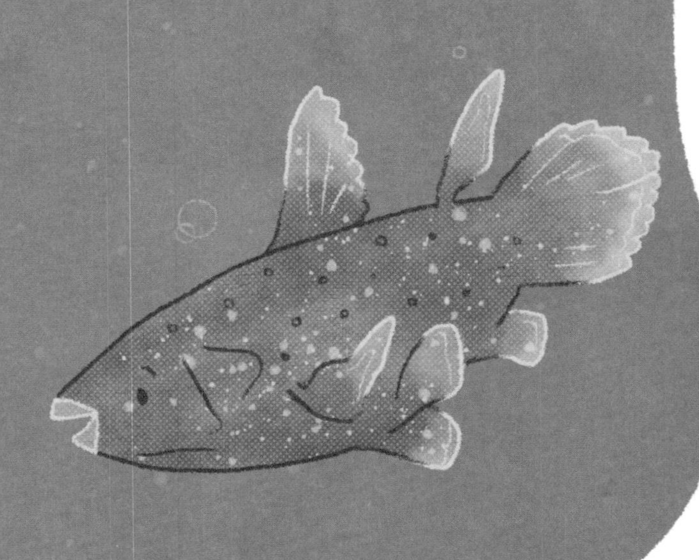

Krokodile

Krokodile sind riesige fleischfressende und wasserliebende Reptilien. Es gibt Echte Krokodile, Alligatoren und Gaviale. Und es überrascht nicht sonderlich, dass es sie schon seit dem Mesozoikum gibt. Heutige Krokodile wie das Salzwasserkrokodil – das größte lebende Reptil – sehen etwas anders aus. Aber sie sind mit prähistorischen Krokodilen verwandt. Zu denen zählte der furchterregende, bis zu acht Tonnen schwere *Sarcosuchus,* der in den Flüssen der Kreidezeit jagte.

Vögel

Du weißt wahrscheinlich noch, dass Vögel die nächsten noch lebenden Verwandten der Dinosaurier sind. Vogelähnliche Raubsaurier wie der *Archaeopteryx* und der *Bambiraptor* wiesen erste Vogelmerkmale wie Schwungfedern und Gabelbein auf.